Poesía por una puertorriqueña

Poesía por una Puertorriqueña

Dedicatoria

Porque fuiste una inspiración en mi vida, porque fuiste tierna, amorosa y la mas dedicada de las madres. Porque tu vida llena de sacrificios y dificultades nos dio un ejemplo de tu entrega y amor maternal. A ti mamita te dedico esta obra con todo mi amor. Tú que eres la estrella que nos cuida desde el cielo.

A todas las madres en su día.

Dios las bendice siempre.

Poesía por una Puertorriqueña

Te Extraño

Qué vacio mamita dejaste

que vacio tan grande en el alma

un vacio que me oprime el pecho

y que hace que broten las lágrimas.

El dolor de jamás ya no verte

y en tus fotos luces tan calmada

como eras tan dulce, tan tierna

tan sencilla, !Mamita del alma!

Y hoy que no estás aquí

dime como yo me acostumbro

a no verte, no besarte, no acariciarte

y a aceptar que ya no estás en el mundo.

Recuerdo tus manos tiernas, suaves

recuerdo tus ojos alegres, serenos

el brillo inocente que tenias en ellos.

Y aunque mucho te extraño

yo tengo el consuelo

pues se que estas en el paraíso

se que estas en el cielo.

Poesía por una Puertorriqueña

A mami

¿Cuánto tiempo me falto?

Pues a veces la vida no es justa.

Hoy me hago una pregunta

¿Cuánto tiempo me falto?

Si solo quería yo

mimarte y darte mi todo

pero aun no hallaba el modo

porque el tiempo me falto.

¿Me puedes responder mi Dios?

¿Por qué se fue, porque así?

Yo nunca el tiempo me di.

¿Cuánto tiempo me falto?

Perdóname, yo no debo

hacerte ningún reproche

mas paso el día, paso la noche

y ¿Cuánto tiempo me falto?

Si pudiera dar marcha atrás

Y devolverte la vida

¿Por qué no sana esta herida?

Porque tiempo me falto

y un sinsabor me quedo

y el dolor y la ansiedad

de no verte nunca mas

Cuanto tiempo me falto

Cual flor que se marchito.

A ella se le fue la vida

mi madrecita querida

a ti tiempo no te falto

pues nos diste tanto amor

y lograste la Victoria

y hoy se que estas en la Gloria

estas al lado de Dios.

Poesía por una Puertorriqueña

Aquella tarde de Octubre

Aquella tarde de octubre

mes de otoño

jugó el tiempo su ironía

en aquel octubre hermoso

de lejos me sonreías

pasaba el día presuroso

Me esperabas tan ansiosa

siempre con tu sonrisa limpia y pura

la más hermosa sonrisa

era mamita la tuya.

La recuerdo eternamente

esta grabada en mi alma

tu paradita en la puerta

esperando mi llegada.

Pasaron pronto dos días

y el dieciocho llegó

esa mañana que tu llenaste

de paz, alegría y amor

cuando el día parecía

gris y lleno de dolor.

Una idea, un regocijo

o una pena compartida

sin pensar que en unas horas

se te escaparía la vida.

Y al regreso aquella tarde

con el dolor en el rostro

se dibujo tu sonrisa

por última vez, y nosotros

Poesía por una Puertorriqueña

tus hijos que tanto amabas

mamita, ya no te vimos

se apago aquella sonrisa

un día de octubre hermoso

te fuiste al cielo mamita

te fuiste así, tan pronto.

Ángeles y serafines

con sus alitas doradas

"me imagino", sonreían

con tu sonrisa encantada

que a su lado volarías

adiós mamita del alma.

Pero quedó tu sonrisa

en mi corazón grabada

y el Consuelo de saber

que estas en el paraíso

aquella tarde de octubre

que Dios ese día bendijo.

Aquella tarde de octubre

mes de otoño

mes bandito.

                                        Tu hija, que te ama y

                                        no te olvidara jamás.

Poesía por una Puertorriqueña

Mi Hermano

Tus lágrimas brotaron en silencio

Me partían el alma

Mientras con dulce calma

Triste soplaba el viento.

Te mire tiernamente

Con especial cariño

Y te vi en aquel momento

De nuevo como un niño.

Mi niño, aquel que un día

Yo alimenté y cuidaba

Que a mi lado corría

Cuando a casa yo llegaba.

Y hoy que ya eres un hombre

Y un gran ser humano

Para mi eres entre todos

Mi gran amor, mi hermano.

Y hoy que mami ya no esta

Yo aquí a tu lado estoy

Para darte mi amor

Y cuando quieras llorar

Aquí tienes mis brazos

Para brindarte apoyo

Cuando te sientas triste

Cuando te sientas solo.

Poesía por una Puertorriqueña

Coquí Dorado

Es sencillito y chiquito

Pálido exhibe su color dorado

Y su canto dulce que embriaga

Al compas del rocío, mi coquí tan amado.

Es bendición del señor, es riqueza

Entre hermosos matices, un tesoro

Que se une a la naturaleza

Bajo un rayo de luna, cual plata y oro.

Y vuelta la mañana en su alborada

Y en la espesa bruma del bello amanecer

Dorando el sol a esta tierra cayeyana

Otro hermoso coquí vuelve a nacer.

Tú y yo

Tú y yo

hemos compartido tantas cosas

hemos compartido risas y llantos

y hemos compartido el encanto

de ver brotar una rosa.

Tú y yo

hemos sido amigos y al amarnos,

hemos sido dueños del pecado

hemos sido niños y en nuestras manos

el más tierno cariño se ha quedado.

Tú y yo

ya nos decimos todo sin hablarnos;

Poesía por una Puertorriqueña

y aun no bendecido, nuestro amor no es pecado

porque tú y yo nacimos para amarnos.

Poesía a la poesía

Hay personas que llevamos

Tanta poesía en el alma

Metáfora que se queda

Muy adentro, en paz y calma.

¿Y qué se esconde tan adentro?

¿Que no cualquiera lo entiende?

Palabras a media voz

Que gritan que se callen.

La poesía, es dolor tal vez

Es amor que nace a diario

Una ilusión que se fue

Es un corazón sangrando.

Poesía por una Puertorriqueña

Ver en todo la poesía

En una tarde de verano

Hasta en una tumba fría

En un amigo, un hermano

En una vida perdida

En un simple comentario

En una rosa marchita

En un niño, en unas manos.

En el beso de una madre

En su ternura, en su amor

En un hijo, en La Creación

Y en el amor que se comparte

Que la poesía es el arte

Pintada en el corazón.

A un gran amor

Te quise más allá de la distancia

Te quise aun sin conocerte

Más cuando supe quien eras realmente

Te quise con una nueva esperanza

Te quise más allá de lo que alcanza

La idea de tener cerca "La Muerte".

Más quise reunirme yo a tu lado

Y conocer entonces tu pasión

Saber cómo era en realidad tu corazón

Si alguien lo tenía encadenado

Y al tenerlo tan cerca yo he notado

Que está lleno de amor y de ilusión.

Y esa ilusión unida con la mía

Poesía por una Puertorriqueña

Nos ha llenado la vida de alegría

Por eso hoy damos Gracias al Se

Al recordar tu nombre

A Roberto Clemente

Fue un gran ser humano
Fue un hombre diferente
Orgullo de nuestra raza
Fue Roberto Clemente.

Que allá donde te encuentres
Sea el más bello edén
Que al recordar tú nombre
Nos lleve a hacer el bien.

Que los más bellos mares
Nos canten tu alabanza
Y el sol que un día soñaste

Poesía por una Puertorriqueña

Nos sirva de esperanza.

Que en las metas el triunfo
Este siempre tu aliento
Porque estarás por siempre
En nuestro pensamiento.

Que nos sirva de ejemplo
Tu entrega y tú virtud
Y por cuidad deportiva
¡Adelante juventud!

Mundo de Cristal

Hoy quiero soñar que un mundo nuevo

Puede existir

Que hay un mejor camino

Y un hermoso porvenir

Y en mi sueño mirar

Atreves de una ventana especial

Y ver un mundo muy bello

Cual si fuera de cristal

Donde nunca haya tinieblas

Donde siempre brilla el sol

Donde solo se conoce

La ternura y el amor.

Poesía por una Puertorriqueña

Orgullo de ser hispano

Caminando de la mano

De la gente que nos quiere

Porque el hispano prefiere

Sentir un orgullo sano

Y brindar a sus hermanos

Sus virtudes, sus talentos

Y sentir como yo siento

Orgullo de ser hispano

Porque es el hispano un ser

Lleno de cosas hermosas

Con un capullo de rosas

Se compara la mujer

Que quiere en la vida tener

Grandeza, encanto y gloria

Y que se escriba en la historia

Que ser hispano, orgullo es.

Poesía por una Puertorriqueña

Siempre amigo

Un amigo es quien te habla

sin pronunciar ni una frase

penetra en tu pensamiento

y se mantiene callado

quien te entiende y quien por siempre

esta y estará a tu lado.

Un amigo procura

tu paz y tu armonía

ora por ti y comparte

tus penas y alegrías

es tu templo y guardián

de secretos, sin medidas.

Un amigo tiene siempre

una frase de consuelo

una sonrisa, una mirada

de amor y de entendimiento

amigo serás por siempre

aunque ya estás en el cielo.

Poesía por una Puertorriqueña

Castillo de Arena

Poesía de experiencias, sueños y realidades

(a mis 21 años de edad)

Jugaba alegremente en la arena,
una niña, formando un gran castillo
y era para ella aquel juego
divertido, my sano y muy sencillo.

Jugaba y en su juego ella ponía
ilusiones, alegría y esperanza
y formando grano a grano aquel castillo
pensaba que con fe, todo se alcanza.

Llegó muy alto a formar aquel castillo
y con ello, sentía un gran orgullo

al ver que había logrado en poco tiempo

tener algo muy bello que era suyo.

Pero un día aquella niña vio con pena

como rompió una ola su tesoro

y se derrumbo su fuerte tan amado

se rompió en un instante, "su mundo de oro".

Y lloró la niña desconsoladamente

lloro al ver rota su ilusión

porque al romperse su castillo de oro

le habían destrozado el corazón.

Poesía por una Puertorriqueña

Amor Imposible

Te conocí, me enamore de ti

y descubrí

que el amor duele, y que no suele

dar tregua.

Que se interpone entre nosotros

no lo sé.

Si solo basto una mirada

No ves que estoy enamorada

Dime porque.

Por eso siento que algo

está pasando contigo

porque al mirarme en tus ojos

no necesito un testigo.

¿Será este amor imposible?

¡Da tantas vueltas el mundo!

y aquello que parece imposible

a veces se alcanza en un segundo.

Poesía por una Puertorriqueña

Bajo la lluvia

¡Llueve! A veces la lluvia es triste
mas hoy me parece maravillosa
pues hoy bajo la lluvia me dijiste
"Te amo" y me diste una rosa.

Aquella rosa tenía gotitas de lluvia
y en mis ojos había gotas de llanto
se unieron las dos gotas con ternura
y el sonido de la lluvia hizo el encanto.

Solo la luna fue testigo
pues asomaba un rayito por la ventana
ya dejo de llover, y estoy contigo
que bello, salió el sol esta mañana

A ti Artesano

Artesano, estos versos

con cariño te dedico

eres un orgullo nuestro

el alma de Puerto Rico.

Dios puso en tus manos arte

y en tu alma la inspiración

y en cada obra representas

de esta tierra el corazón.

Tallando y tallando el día

pones chispitas de Gloria

y en tus obras vas tallando

mensajes para la historia.

Poesía por una Puertorriqueña

Por esa misión tan linda

Dios te bendiga artesano

por honrar a nuestra tierra

con el arte de tus manos.

¡Madre!

Madre que es siempre amorosa

Madre que es siempre una luz

Madre tierna y comprensiva

Es la madre de Jesús.

Madre, tu eres, solo una

La que con su dulce paz

Nos da su amor, y su entrega

Y nos da felicidad.

Madre, que en su tierno vientre

Nos llevo con emoción

Nos dio a luz, y con su ejemplo

Es siempre una inspiración.

Poesía por una Puertorriqueña

Madre, manantial tan puro

Madre, sol, luna y estrella

Madre, arena que es castillo

Que en su corazón nos lleva.

Madre, que en tu hermoso vientre

Concebiste al salvador

Que su fiel esclava fuiste

Y la luz al mundo diste

En la esperanza del amor.

Poesía por una Puertorriqueña

www.ingramcontent.com/pod-product-compliance
Lightning Source LLC
Chambersburg PA
CBHW051825170526
45167CB00005B/2157